100の基本

松浦弥太郎のベーシックノート

装丁　櫻井久（櫻井事務所）
写真　松浦弥太郎
編集協力　青木由美子

contents

松浦弥太郎の『100の基本』とは

いつ頃からこういうことを考えるようになったのですか？　とか、何がきっかけでこういうことを思うようになったのですか？　と聞かれることが多い。いつとか、きっかけなど、考えてみてもよくわかりませんが、日々、仕事や暮らしをしていく中で、いつも人やものごとに好奇心を持って、それらを見つめていると、はっとするような、ささやかな感動や発見、思いつきとか、すてきだなあと思うようなことに気づくことが多いのです。そんな時は、なんだか宝ものを拾ったようなうれしい気持ちになり、その時のことをメモに残しておくのです。

そんなメモをあとで見なおして、ああ、自分もこんなふうになりたいな、とか、こういうことを学びたいな、とか、大切にしたいなと思い、頭の片隅にしまっておく。そうしていると、日々いろいろな経験をしていく中で、その頭の片隅にしまってあったものに、ある日、心から納得できるような出来事が起きたりするのです。ああ、あのことはこういうことだったのか、と実感できる時があるのです。それまではまだ、他人から預かっていたような宝ものが、自分の経験によって、ああそうか、と納得できて、はじめて自分のものになるということです。そんなふうに、日々ひとつひとつ集めていった僕の宝ものが、ここにまとめた『100の基本』です。

『100の基本』は、自分を知るために、自分について考えるために、自分の考えを整理するために、自分の成長のために、自分の学びのために、そして自分らしくいるために、しっかりと身につけておきたい基本の心がけです。大切なことや、守っているルールは誰しもあると思います。しかし、それは意外とぼんやりとしているもので、言葉や文字にするのは難しいでしょう。それをひとつひとつ、言葉や文字にしていくことは、それについてよく考えることになり、自分自身をよく知ることにもつながっていきます。

どんなことでもいいのです。計画、目標、習慣にしたいこと、思いつきや真似したいこと、そういったことをリスト化してみることです。そして、ときたまそれに目を通し、できていること、できていないことをチェックしてみる。自分が基本としていることについて、今の自分がどれだけできているかを知ることは大切です。

『100の基本』は、人生という名の、長い旅に必要な地図だと思っています。迷ったら何度でも見なおせばいい。不安だったらいつも手にしておけばいい。そんなふうに『100の基本』は旅のお守りでもあるのです。

『100の基本』は、日々アップデートさせて書きなおしていくものです。そうすることで、『100の基本』という地図は、さらにわかりやすく詳しくなっていきます。

『100の基本』は、完成させることが目的ではありません。常に身につけて、自分の成長に合わせて変化させていくものなのです。

100 Basics

Basic Notebook of Yataro Matsuura

すべては自分の責任と思うこと。
他人を責めても何も生まれない。

いいこと、悪いこと、いろいろなことが起きます。どんなことであろうと「起きることは全部自分に原因がある」と僕は思っています。人のせいにしない、社会のせいにしない、人を責めない、社会を恨まない。何があろうと自分で対処し、自分で責任を負いたい。たいていのことは、自己責任で解決できます。「納得の落としどころは自分だ」と覚悟すると、人に依存せず、頼らず、自分の足で歩いていくことができます。

001

プライドを捨てる。何事も我慢する。

プライドとは、振りかざして武器にするものではありません。プライドは内に秘めるくらいでちょうどいいのではないでしょうか。プライドを捨てること。何事も我慢すること。この二つは、尊敬する名エディターに教えていただいた、仕事を長く続ける秘訣です。「いちいち腹をたてて闘っていたら仕事は進まない。プライドを捨てなさい。違うと思っても我慢しなさい。常に冷静でいなさい」と。貴重な教えをいただいたと思っています。

002

シンプルに生きる。
すべきことは少しでいい。

シンプルに考えて、少しの「やるべきこと」を選び抜く。それが複雑だったら単純にして、しっかりと一生懸命にやり遂げる。あれもこれも手を出したところで、どれも中途半端で終わるだけです。「赤も着たい、青も着たい」と両方いっぺんに着たら、ちぐはぐになります。「あれもしたい、これもしたい」と願ったところで、すべてを叶えるのは無理。目的を絞らなければ、どれも浅くなってしまいます。

003

過去についてうそをつかない。

うそをつかないなど当たり前だと、みんな思っています。でもそれは、今現在のことについてです。自分の過去について、自分の都合のいいように脚色することはないでしょうか？　うそまでいかなくとも、今の自分を正当化するためのちょっとした調整をしていないでしょうか？　過去の話は誰も確かめられません。小さなうそが暴かれることもありません。だからこそ罪深いし、ついてはいけないのが「過去についてのうそ」だと思います。

004

お金に好かれる働き方、暮らし方。

自分がされて嫌なことは、相手にもしない。これは人に対してもお金に対しても同じです。仕事をするにも暮らしていくにも、お金はとても大切です。常に自分を助けてくれる、友だちのような存在です。だからお財布をひらくたびに、自分の胸に聞いてみましょう。「これはお金に嫌われる使い方か、お金が喜んでくれる使い方か」と。この問いを基準に、お金に好かれる働き方、暮らし方を模索しましょう。

005

第一の仕事は、
規則正しい生活と健康管理。

文筆業、『COW BOOKS』の経営、『暮しの手帖』の編集長。すべてにおいて、自分の健康管理が第一の仕事であり、働いてくれる社員やスタッフの健康を守ることが第二の仕事だと思っています。規則正しく生活する。残業をしない、させない。たくさん仕事を抱えていて眠れないような人がいたら、手を差し伸べる。健康でないといい仕事ができないのは、すべての人に言えることです。

006

どんなことにも
その先に人がいることを忘れない。

トイレに入ったら、次に入る人のことを考える。ゴミ箱にゴミを捨てたら、そのゴミを集積所に持っていってくれる人、回収して運んでくれる人、ゴミ処理をしてくれる人のことを考える。雑誌の仕事であれば、原稿を校正してくれる人、印刷してくれる人、製本してくれる人、本屋さんまで運んでくれる人、売ってくれる人、読んでくれる人のことを考える。どんなことにもその先には人がいます。それを忘れずに行動したいと思います。

007

先手、段取り、用意周到、念入り。

仕事のほとんどは準備です。準備でほとんどが達成されます。先手を打ち、段取りをし、早めのスタートを切れば、落ち着けます。用意周到、かつ念入りに準備をすれば、たいていのことはうまくいきます。少し難しいのは、先手を打つタイミング。遅ければ先手にならないし、早すぎても困ります。経験を積むのが一番ですが、「そろそろやらなきゃいけないな」という時は遅すぎると覚えておきましょう。

008

コミュニケーションとは
愛情を伝えること。

仕事でも暮らしでも、あらゆる場面でコミュニケーション能力は必要です。プレゼンテーションにしても人に何かを説明するにしても、大事な人との絆を深めるにも、欠かせないことです。だからこそ、ちゃんと知っておきましょう。コミュニケーションの目的とは、愛情を伝えることだと。仕事への愛情、人への愛情、ものに対する愛情、プロジェクトに対する愛情。コミュニケーションの目的は愛情を伝えることだと忘れずにいましょう。

009

幸せとは、人と深くつながること。
絆を深めること。

「あなたにとって、幸せとは何ですか」、こう聞かれて即答できますか？　僕たちはみな、幸せのために生きています。人と自分の幸せのために仕事をし、暮らしています。自分にとっての幸せを知るとは、自分が何を求めて生きているかを知ることです。僕の幸せは人と深くつながること。絆を深めることが一番の幸せです。その先に「幸せな景色」が見えているから、毎日一生懸命に頑張れるのです。

010

こわさない。やぶらない。
求めない。やめない。

仕事、生活、すべてに言えることだと思います。人とのつながりや関係性をこわさない。約束をやぶらない。人に多くを求めない。そして、常に何事も続けていく努力をする。何かを始めたらやめないことが大切です。いくら気をつけても、こわれること、断絶することがあるのは事実です。だからこそ、こわさない、やぶらない、求めない、やめない努力をしていこうと思っています。

011

育てる。守る。続けていく。

人との関係性は、育ててこそ生まれます。関係ができたら守りましょう。続けていくようにしましょう。「どうやったら育てられるのだろう？　どうやったら守っていけるのだろう？　どうやったら続けていけるのだろう？」。あれこれ考え、工夫していかねばなりません。

012

小さい約束ほど大切にする。

「今度、ごはんを食べに行きましょう」「その本なら貸すよ」僕たちはこうしたことを気軽に口にします。おしゃべりのついでのひと言かもしれませんが、れっきとした約束であり、大きな約束と同じように守るべきものです。なにげなくて曖昧だからこそ、小さな約束は大切です。小さな約束を忘れずに守ってもらえると「ああ、覚えていてくれたんだ」「あれは社交辞令じゃなかったんだな」とうれしくなります。だから相手にも、そのうれしさを届けたいと感じます。

013

虫眼鏡と望遠鏡。

虫眼鏡と望遠鏡、二つのものの見方を身につけましょう。近くのものを見る力と遠くのものを見る力が合わさってこそ、本質を見るということに近づけます。身の回りの出来事と世界情勢もしかり。自分の中の時間軸も、「今日のことと十年後のこと」といった、虫眼鏡と望遠鏡の二つの視点で考えたいものです。

014

情報とは自分の経験。
知識はほどほどに。

自分の経験しか、本当の情報にはなりません。見たり、読んだり、聞いたりしたことは、情報ではなく知識です。知識が増えると、自分の頭でものを考えなくなります。だから知識はほどほどに。なんでも知っている人ではなく、なんでも考える人になりましょう。「何も知らない自分」は何に対しても素直に向き合えます。世の中には知識があふれています。放っておくと増える一方なので、時どき忘れる努力をしましょう。

015

八勝七敗の法則。

全勝すると、次には全敗というリスクがあります。あまりにもすべてうまくいき過ぎると、反動として怪我や大きな病気、トラブルといったアクシデントに見舞われます。お相撲のごとく、八勝七敗の勝ち越しを目指しましょう。半分半分の引き分けより、ちょっと勝ち越すくらいが一番美しいと思います。勝てない時もあると知り、時には自分から勝ちを譲る。このバランス感覚を持つことが、ものごとを長く続ける秘訣です。

016

見て、見て、見続けること。

よく観察するとは、なんでもないようで難しいことです。自分の目に映ったものだけを見て、わかったつもりになってはいけないと思います。ましてや、ぱっと見て判断するなどもってのほか。いったん見たら、もう一度じっくり見る。「これはなんだろう？」と考えながらまた見る。「これはどういうことなんだろう？」と首を傾げてまた見る。さわってみて、さらに見る。数回では足りません。すぐに納得せず、見続けたいものです。

017

友だちをつくる力。

人の能力にはいろいろありますが、一番大切なのは、友だちをつくる力です。友だちをつくる力さえあれば、何もなくても、世界中どこに行っても生きていけます。生活や仕事にも、たいそう役立つ力です。友だちをつくる力とは、相手の「いいところ」を見つける力。いいところを見つけて相手に伝えれば、友だちになれます。人にもものにも出来事にも、いいところを見つける力があれば幸せになれます。

018

働くために遊ぶ。

「遊ぶために働く」というのは、ちょっと違う気がします。いい仕事をするには、よく遊ぶべきであり、遊ぶというのはいろいろな経験をするということです。経験を通して身につけた情報は、仕事にも役立ちます。仕事ばかりしている人より、充実した生活をしている人のほうがいい仕事ができ、思いやりや想像力も身につきます。一生懸命遊びましょう。「素晴らしい仕事をしているな」と思う人ほど、大いに遊んでいるものです。

019

テレビ、新聞は遠くから見るだけ。

遮断する必要もないし、嫌ったり否定することもないけれど、じっくり見なくてもいい。テレビも新聞も鵜《う》呑《の》みにせず、ちょっと離れたところからちらっと見るくらいでちょうど良いと思います。「こんなことが起きているんだ」という程度の認識にとどめ、自分の主たる情報源にしないようにしています。

020

思いやりではなく想像力。

思いやりはもちろん、本当に大事です。ただし、思いやりというのは、一歩間違うと「ひとりよがり」になる危うさがあります。自己満足で相手に届かない、それどころか大きなお世話になる危険があるのです。「思いやり」という言葉を、「想像力」という言葉に変えてみましょう。フラットに、べたべたせず、相手を気遣うことができます。

021

心を磨く。
そのために本を読み、
音楽を聴き、
演劇を観る。
文化に触れる。

これからは人間力の時代です。人間力をつけるには、心を磨くことです。本を読み、音楽を聴き、アートや演劇を観ましょう。文化に触れることは、心を磨くきっかけになります。自分でどこかに出かけていき、文化的なものに触れるという「実体験」こそ、心を磨いてくれます。センスを磨き、もっと成長する糧にもなります。

022

挨拶上手になる。

人に挨拶をされる前に、自分から挨拶をする。「挨拶上手になる」を、日々のスローガンにするのです。近所の人、職場の人、友だちまでいかない知人、こうした人とじっくり話すことはなかなかできません。相手を知り、自分を知ってもらうことも難しいものです。ただし、挨拶なら誰にでもできます。ほんの数秒ですが、れっきとしたコミュニケーションとなります。

023

原理原則は、正直、親切、笑顔。

正直、親切、笑顔。これが自分にとっては、すべての原理原則だと考えています。悩んだり迷ったりした時にはこの原理原則に立ち返ります。何があろうと、この三つだけは手放さないと決めています。どんなことにするかは人それぞれですが、自分の原理原則を持っているというのは、本当に心強いもの。救い難い失敗をしたとしても、「ここに立ち返ればもう一回やり直せる」という自分の居場所を、自分でつくることができます。

024

競争しない。争わない。

成果を出すためにも、モチベーションを高めるためにも、競争が必要だという説があります。まったくもってナンセンスだと思います。誰かより優位に立つために仕事をしているわけではなく、人に喜んでもらうために努力をしているのですから。もし、争うような環境に置かれたら、僕はさっさと勝ちを譲ります。「どうぞお先に」くらいでちょうどいいと感じます。

025

常に自己投資。
体験にお金を使う。
貧乏くさい勉強をしない。

お金を使うなら、経験や体験に使うこと。それこそ自己投資につながります。自分の中に種をまく意識でお金を使いたいものです。自己投資にはいろいろありますが、勉強もそのひとつ。その時は、お金を惜しんではいけません。みんな「どうやったら安く英語が習えるか」ということを考えますが、本当に何かを習得したかったら最短コースは思い切りお金をかけることではないでしょうか。

026

心のこもったおいしいものを食べる。

食事は毎日のことだから、本当に大切です。ただ食べるのと、おいしいものを食べる努力をするのとでずいぶん違ってきます。おいしいものとは、高級料理ではありません。心を込めてつくられたものこそ、おいしいと思います。世の中にはあらゆる食べ物があり、放っておくとなんでもありになってしまいます。その中で自分がつくったもの、家族がつくったもの、ていねいにつくられたお店のものを選ぶ努力が必要です。

027

いつもまわりを気遣うこと。
うるさい音を出さない静かな所作。

地下鉄に乗った時、浮かない服を着ることが自分自身の服を選ぶ基準。この話は、独自の世界をつくり上げたスタイリストさんに伺いました。奇抜な服、派手な服は、本人が良くても、まわりに馴染まないこともあります。自分という存在が世の中に溶け込み、迷惑をかけないようにすることは、ひとつのマナーです。うるさい音を出さない、静かな所作も、溶け込むためのたしなみと言っていいでしょう。

028

大事なことは手紙に書く。
筆まめになる。

自分が本当に伝えたいこと。お願いしたいこと。謝りたいこと。大切なことは手紙に書いてこそ、伝わると思っています。筆まめになりましょう。しょっちゅう書くためにも、飾り気のないごく普通の便せんと封筒で。ちょっとしたことですが、葉書で来たものは葉書で、封書で来たものは封書で返事を書くことも相手への心配りです。葉書に封書で返信しては、恐縮させてしまいます。

029

上等な身だしなみを心がける。
ポケットに手を入れない。

素材がいいもの。ていねいにつくられているもの。流行に左右されない、ベーシックで質のいいもの。贅沢とは違います。高いと一目でわかるブランド品とも違います。「本質的に上等」という身だしなみをすることは、相手に対するマナーであり、敬意の表明とも言えます。だからこそどんなにいい服を着ても、ポケットに手を突っ込んだ時点で台無しになることも忘れずに。

030

味方が欲しければ敵をつくれ。

本当の自分の味方が欲しければ、きちんと自分の意見を述べるべきです。それに対して「支持できる」と思ってくれる人、「そんなの全然違う」と思う人が出てきます。全員に支持されるなど、あり得ないのですから。そこで支持してくれた人と関係を深めていくのが、コミュニケーションの本来の姿ではないでしょうか。意見を曖昧にしてふらふらしている人は、敵をつくらないかわりに味方もいない、八方美人になってしまいます。

031

孤独は人間の条件と知る。

孤独は人間として生きている条件のひとつです。仕事でも生活でも孤独感は襲ってきますが、そこからは逃げられないし、逃げれば逃げるほど、孤独は影のごとく追いかけてきます。「人間は孤独である」と受け入れ、「孤独こそ自分が生きている証だ」と理解する。これが大人になるということかもしれません。

032

指先と手を常に清潔に。

指先と手は常に清潔にしておきましょう。ものをさわる、仕事をするなど、手というのはとても大切な道具です。握手をする、何かを渡す、手というのはコミュニケーションにおいても、なくてはならない道具です。一番上等で大活躍する道具として、指先と手の手入れはくれぐれも抜かりなく。

033

それで人は幸せになるのかと考える。

何かする時は、どんな小さなことでも「これは自分ではなく人を幸せにすることか？」と自問する。この習慣はたいそう重要です。仕事ぶりにも表れます。日常の中の一分一秒を、「それで人は幸せになるのか？」という自問に使う。これを日々のトレーニングとして組み込んでしまいましょう。

034

日々、変化の想定を。

こうしたらどうだろう、ああしたらどうだろうと、
今、これで正しいと思っていることであっても、
変化の想定をしてみる。どんなことでも答えはひ
とつではないからです。また、何が起きても柔軟
な対応をするためにも、いろいろと想定しておく。
計画についても、シナリオをたくさん考えておく
ことで、気持ち的にも余裕が持てます。

035

どんなものでも修復する。

すべてのものはいつか壊れます。大切にしていても、壊れてしまうことはあります。肝心なのは、壊れたとたん、ぽいと捨てるのではなく、「必ず直す」という意識を持つこと。万年筆でも靴でも洋服でも、買ったほうが安くても修理して使う。これが、豊かでていねいな暮らしを生み出します。人間関係でも、行き違いや仕事上のトラブルといったことでひびが入ったら、ていねいに修繕し、より深い関係を築きましょう。

036

まんなかだけではなく
周辺もよく見る。
考える。

ものを見る時は、まんなかだけではなく、周辺もよく見ましょう。たとえば「おいしそうなコーヒーだ」という時も、まわりも見てみます。淹れ方や豆を研究するのではありません。おいしいコーヒーの周辺とは、お店の雰囲気、音楽、淹れてくれた人、出してくれた人、一緒に飲む人。もしかしたら周辺のおかげで普通のコーヒーが特別になったかもしれないのです。ものごとを理解するにはまんなかと周辺、両方をよく考えることです。

037

100冊の本を読むよりも、
よい本を100回読む。

次から次へと数をこなし、「こんなに本を読みました」と言ったところで、いったい何が学べたというのでしょう？　残るものは「100冊の本を読んだ」という記録だけだと感じます。それよりはいい本を見つけて、100回繰り返して読みましょう。100回とも発見があるような深い本とじっくりつきあえば、多くを学べます。これは人間関係と同じ。100人とつきあうよりも、本当に好きな人と100回会ったほうが、相手と自分の本質がわかってきます。

自分の得意をさらに学ぶ、
磨く、チャレンジする。

誰にでも一つか二つ、自分の得意なことがあります。それを見つけ出しましょう。もっと得意になるように、学んだり練習したりして磨きましょう。もっともっと得意になるように、チャレンジしましょう。これは、「自分の得意」を育てていくということです。

039

限界は自分でつくらない。

「もう無理だ」と感じた時、それを決めたのは誰でしょう？　自分で決めてしまうことが多い気がします。もちろん何事にも限界はあります。環境が許さない、物理的に無理、時間がないなど。しかし、限界につき当たる前に、限界を自分がつくり出すことも多いのです。「かなり頑張った」と思っても、すべてはもっと奥深く、先のその先があります。「まあいいや」とあきらめなければ、より深みへ、より先へと冒険できます。

040

何があろうと意思を貫くこと。

なんでもかんでも我を通す必要はありません。むしろ譲ったほうがいいことが多いでしょう。ただし、自分の意思となると話は別です。信じたこと、これだと思ったことは、何があろうと貫くべきです。考え抜いて手にした自分の「意思」なのですから、そう簡単に動かしてはいけません。それは自分の意思に責任を持つということでもあります。

041

素直、初々しさを決して失わない。

どんなに経験を重ねても、どんなにかしこくなっても、素直でいましょう。決してもの馴れせず、初々しさを失わないでいましょう。それが成長を続けるための秘訣です。本当に素直で初々しいけれど、自分の意思だけは貫く。それがベストだと思います。

042

ここぞ、という時に照れない勇気。

いつも勇気を振りかざすのは大変だし、まわりには鬱陶しいこともあります。それでも「ここぞ」という時、ためらいは禁物。照れたり恥ずかしがったりせず、一歩前に出る勇気、手を挙げる勇気を持ちましょう。特に仕事では、照れないと決めると勇気が出ます。「こんなこと言って恥ずかしくないのか」ということも言えるし、書けます。大事なことについては、まわりの目が一切気にならないくらいでいいのではないでしょうか。

043

甘えると決めたら遠慮しない。
とことん甘えて顔を立てる。

年上の人とつきあうと、ごちそうしていただくことがあります。「いいです、いいです」と遠慮ばかりしていると、相手の顔を潰すことになります。高いお店で安いものだけ注文したら、かえって失礼です。一度甘えると決めたら、とことん遠慮せずに甘える。これもひとつの礼儀です。甘えると決めたら甘え、甘えないと決めたら中途半端に甘えない。これはごちそうになる時だけでなく、年上の人とのつきあい方のルールでもあります。

044

美しくていねいな言葉遣いを
心がける。

タクシーに乗っても、子どもに対しても、いつも美しくていねいな言葉をつかうこと。言葉遣いは本当に大切です。たまにていねいすぎる人を見かけますが、それで嫌な感じがすることはありません。その人のキャラクターにもなるし、たどたどしくてもきれいに話そうと敬語を使っている人からは、一生懸命さが伝わってきます。

045

財布を雑に扱わない。
低いところには置かない。

お金という大切な友だちのようなものを入れているのですから、財布を雑に扱ってはいけません。家に帰った時には、低いところに置かない。家族の写真や記念の品など、「自分が大事な物を飾っておくとしたら、ここ」「自分が今持っていて一番うれしいものを、目につくようにするなら、ここ」という場所を定位置にするといいでしょう。これもお金を大事にするということです。

どんなものでも
大切な友だちとして接する。

たとえボールペン一本であっても同じです。かばんでも本でも例外はありません。自分の身の回りのものを、大切にすること。どんなものでも自分の大切な友だちとして接すること。大切にするなら、自分がされて嫌なことを相手にしてはなりません。おのずと乱暴な扱いはしなくなるでしょう。

047

人の話、社会の声をもっとよく聞く。

どんなに忙しかろうと人の話をよく聞くことは大切だと、よく言われますが、話をただ聞くだけでは、自分が受け身であるだけで、積極的な姿勢とはいえません。耳を傾けるだけではなく、質問を繰り返して、もっと聞くことを心がけます。折角ですから、相手がこれ以上話すことがないというところまで聞きましょう。また、社会の声についても同様で、さらに好奇心を持って、深く聞くようにしましょう。

048

相手に得してもらうことを
いつも考える。

「会いたい人」としてイメージされる存在になる。それには「会えばうれしいしメリットがある」と思ってもらうことです。仕事でもプライベートでも、人に必要とされるには相手に得をしてもらうのが一番です。「あの人と仕事をするとお金になる」、「あの人はこちらに有利な条件にしてくれる」、あるいは「あの人と会うといつも元気になる」でもいいでしょう。いつも相手に得をさせると、いつか自分がお願いした時、力を貸してもらえます。

049

年齢を問わず出会う人はみな教師。

出会う人はすべて、何か教えてくれています。自分の悪口を言う人、自分に否定的な人、そんな人でも、必ずそこから何かを教えてくれる教師なのだから感謝すべきです。うんと年下や、いっけん教わることがなさそうな人からも、学ぶことはたくさんあります。「会うのが嫌だな」と思う人は誰にでもいますが、「自分に教えてくれるものが何かある」と思うと、少し気が楽になります。

050

尊敬する人を真似る、学ぶ、ほめる。

尊敬する人を持つことはとても大切です。そして、尊敬する人を真似ることは、もっと大切です。真似るのは、学ぶこと。尊敬する人を真似ていると、自分のオリジナルだけでは見つからない、新たなセンスや方法が学べます。尊敬する人をほめることも大切です。きちんと言葉にして「素晴らしい」と言い続けることです。これが学ばせていただくお礼であり、「ありがとうございます」という感謝の気持ちです。

051

人と人をつなぐはたらきをする。

暮らしや仕事をしながら、自分がネットワークのハブになる役割を常に考えましょう。この人とこの人をつないだら、きっと新しい何かが生まれるだろうという出会いの種をまきましょう。種は必ず芽が出て花がひらくものです。自分の持っている人脈を抱え込まず、たくさんの人と分かち合うことで、さらに人脈は築かれていきます。

052

いろいろなジャンルの
最高と最低を知る。

何かを深く理解したければ、最高のものと最低のものを知ることです。たとえばホテルを理解したいなら、一流ホテルと3,000円の宿の両方に泊まる。料理なら、おいしいものだけ食べ歩くのではなく、そうじゃないものも味わってみるということです。良いものをたたえてそうでないものをばかにするのではなく、「ああ、これが300円の味か。それでも大人気だから需要はあるんだな」と何かしら学ぶことが重要です。

053

友だちを一番大切にする。

なんにつけ、友だちが大事だと思います。仕事においても不可欠だし、精神的な支えにもなります。前提として「家族を大切にする」というのがありますが、本当に困った時、助けてくれるのは家族よりも友だちかもしれません。なぜなら家族は運命共同体。自分が沈んでいる時は一緒に沈んでいたりします。そんな時、頼りになるのはやはり友だちではないでしょうか。

054

値段を見て
「高い」「安い」と言わない。

値段を見て、ものの価値を判断する癖をつけてはいけません。高いものには高い理由があり、安いものには安い理由があります。お店に行って値段を聞き、「ええっ、高い」と言うのは、本当に失礼な態度です。安いものが並んでいるお店で、「ああ、安い安い」と言うのも、ちょっと品がないと感じます。

055

人の話をよく聞く。
もっと聞く。さらに聞く。

人の話をよく聞くことは、たいそう大事です。よく聞くだけでなく、「もっと聞く」というのが重要です。じっくり聞くのは当然だけれど、話のその先、話のその奥を聞くために質問をしていく。質問攻めにするのではなく、自然に引き出すように、相手が話したくなる促し方をすることです。人の話をよく聞くということは、人の心をいかに開けるかにかかっています。

056

一週間に一度は花を買う。

一週間に一度は花を買う。これはルールではなく楽しみのひとつです。「チューリップがそろそろ出てくる」「今一番きれいな花はなんだろう？」季節を知ることは、暮らしにも仕事にも重要です。生活の中に命あるきれいなものを置き、いつくしむことを、僕は大切にしています。

057

二週間に一度、髪を切る。

身だしなみとして、僕は二週間に一度髪を切ります。伸びてからではなく、伸びる前に切る。いささか極端かもしれないけれど、自分なりの考え方です。床屋さんに聞いたところ、「理容」というのは「容姿を整える」という意味だそうです。普段はドライヤーだの整髪料だのとあれこれ手をかけない分、二週間に一度、容姿を整えることにしています。

058

一年に四度、
旬のごちそうをいただく。

春夏秋冬、旬のごちそうをいただく。そうすれば一年に四回、家族そろって文化と自然に触れることができます。特に和食は、旬が感じられます。ちょっと贅沢をし、とびきりおいしいものを食べに行くのは自己投資でもあります。一年に一度のごちそうは、自分の励みにもなっています。

059

何があろうとあきらめない。

全身からあきらめない意思を発散する必要はないけれど、静かに「あきらめない」という火を自分の中にともし続けましょう。まわりからは「もうあきらめたんだな」と思われても、じっと考え続けましょう。何かで挫折しても、絶対に別の方法はあります。その方法は、急ぐと見つかりませんが、あきらめずに時間をかければ、チャンスは巡ってきます。

060

それは美しいかといつも考える。

姿勢。しぐさ。衣食住。すべてに対していつも「それは美しいだろうか？」と考えます。手がけている仕事があれば、「できあがったそれは美しいか？」と考えます。できあがるまでの仕事ぶりが美しいか？　ありようとして美しいか？　繰り返し、繰り返し、考えています。

061

買わなくては何も学べない。
知りたいことには大枚を払う。

本当に知りたかったら、お金を払うしかありません。たとえば百万円のバッグを持ったらどんな気分なのか、どんなつくりになっているか、なぜ百万円なのかを本当に知りたければ自分で買うことです。バッグだけでなく百万円の価値がある情報が得られるし、仮に失敗しても学びになります。持っている人に聞くのではなく、大枚はたいて経験を「買う」ことも、時には必要です。

062

ただのものには近寄らない。

無料のものには近寄らない。あげると言われても断るようにしています。カードのポイントの類いも避けています。「カードなら○%ポイント割引」というお得と引き換えに、どれだけ自分が個人情報などを引き渡しているか冷静に考えてみましょう。こちらが渡すもののほうが大きいかもしれません。理由もなくただというものは、存在しないのです。

063

社交はほどほどに。
八方美人にならない。

ある程度の社交性は必要です。しかし、あちこちに顔を出して八方美人になる必要もないと思っています。人づきあいを最優先していては、自分が本来するべきことができなくなります。広く浅く、「知り合いコレクション」の人間関係を広げるのではなく、本物の人脈を築きましょう。人脈とは、お互いに必要とし合う人たちとの、何があっても揺るがない信頼関係です。

064

家族を大切にする。
お墓参りは一年に六回。

親しさ故に甘え、犠牲にしがちなのが家族です。しかし、家族をおろそかにしては何事もうまくいきません。家族がいて自分があることを忘れないために、宗教とは関係なく、お墓参りをしましょう。お盆、お彼岸、命日はもちろん、なんでもない日もまめに足を運ぶこと。先祖がいたからこそ家族も自分も生まれてきたのです。感謝し、敬って当然です。暮らしを豊かにしたいなら「忙しい」を言い訳にせず、お墓参りに行きましょう。

065

机の上には何も置かない。
白い紙から仕事を始める。

机の上に何も置かないよう、整理整頓しておく。毎朝、机に置いた一枚の紙から仕事を始めます。日々がゼロ設定であり、自分を白紙の状態にしてものごとを始めます。仕事とは目先のことを処理するのではなく、自分で問題を発見し、解決すること。まさに「考える」という営みです。カレンダーや絵など、視界に余計なものが入らないよう簡素にしておくのも大事です。白い紙を目の前に置いた時、浮かんでくるものを尊重しましょう。

066

本は読むもの、飾るものではない。
読んだら処分。

本を所有する「蔵書」という感覚がありません。本棚に飾る、読むべき本をストックする、系統的にそろえていくという主義はありません。本は読むものであって、読んだら役目は終わります。よほどのことがない限り、読み終わったらすぐに処分。人にあげる、寄付をする、やり方はいろいろあります。これは物を増やさないための考え方でもあります。

067

一人の時間を大切にする、
楽しむ、味わう。

仕事も生活も、常に誰かとの関係性の中にあります。ずっと他者とかかわっているからこそ、自分の時間がないと、相当なストレスです。仕事の途中の五分間、一人でぼんやりする。仕事の帰りに一人になる。意識的にそんな時間をもうけましょう。カフェでお茶を飲む、外の空気を吸う、散歩をする。一人の時間を楽しみ、味わうことは、心のバランスを取ることでもあり、自分をリセットするボタンでもあります。

068

自分プロジェクトを進める。

あくまで自分の中でのこと。誰に話すわけでもなく、ささやかでもいいから、自分プロジェクトをたくさん持っていると毎日が充実します。思いついただけでは忘れてしまうので、書き留めておきましょう。書いたものは、始められるところから始めていきましょう。誰に管理されるわけでもないプロジェクトを自分の中で持つとは、なんと豊かなことか、実感できると思います。

069

階段は一段ずつ上がること。

急がないこと。近道をしないこと。すべてのものごとには、必要なプロセスと時間があります。階段を一段飛ばしで速く上がったところで、何もいいことはありません。どんなに急いでいようと、一段ずつ踏みしめて上がる。一気にボンと上がっていったら、必ず何かよくないものも跳ね返ってきます。信号が点滅している時、行けそうでも行かないという、じっくりとした態度を身につけたいものです。

070

面倒くさいを楽しむ。

人間だから、「そんなの面倒だ」と思うことはあります。しかし面倒くさいことにこそ、実は楽しみが潜んでいます。ものごとの本質が隠されている気がします。面倒がってやらなかったり、人に頼んだり、上の空で嫌々やったりするのは、ずいぶんもったいないことです。面倒くささを楽しみ、味わいましょう。その秘訣は「面倒くさい」という言葉を口にしないこと。ひとたび言葉にしてしまえば、いろいろなものが崩れていきます。

071

考えや思い、アイデアは、紙に書く。

何か頭に浮かんだら、紙に書きましょう。ノート、メモ用紙、紙ナプキン、レシートの裏。とにかく書き留める習慣をつけましょう。「頭で覚えていられる」と思っても忘れてしまうもの。思いつきは、いつやってくるのかわからないし、「探せば探すほど、なくしたものは見つからない」と言いますが、アイデアは探していない時に見つかります。いつ答えが降ってきてもいいように、書き留める準備をしておきましょう。

072

失敗を恐れない。
「失敗ノート」をつける。

毎日何かに挑戦しているから、毎日が失敗だらけです。うまくいかないことばかりでも、くよくよしない。失敗も自分の経験になるのですから。もしかすると、成功よりも失敗のほうが実体ある情報となり、あとあと役に立つかもしれません。何事も失敗を覚悟で、挑戦することが大切です。さらに「失敗ノート」をつけておくと、書くという作業で自分の心が整頓され、安心し、ダメージを受けずに済みます。

073

「絶対」「普通」という言葉を
使わない。

「絶対に」「普通は」という言葉を、できるだけ使わないようにしましょう。絶対などないし、万人にとっての普通もまた、存在しません。うっかり使ってしまうからこそ「いけない、いけない」と自分をいさめましょう。相手と意見が対立した時は納得がいかなくても、「相手が言うことが正しい」と考え、そこを落としどころにします。「自分がわからないだけで、相手が正しい」と譲れば、ものごとはぐっと前へ進みます。

074

1、2、3のリズム。その繰り返し。

暮らしも仕事のプロセスも、短期的なことも長期的なことも、自分のリズムでこなしましょう。たとえば「1、2、3」の繰り返し。1はチャレンジ、2は前進、3は達成とし、そこでわかったことをもとに、また次の1、すなわち新しいチャレンジをします。えんえんと続けていてうまくいかなければ、リズムが乱れている証拠。いったんふり出しに戻り、順番にステップを踏みましょう。これは自分の鮮度を保ち、初心に返る秘訣です。

075

姿勢よく歩く。
手を振って歩く。
上を向いて歩く。

いつも姿勢よく歩きましょう。手を振って、胸を張って、上を向いて歩きましょう。歩き方、立ち姿は、自分の生活や仕事のすべてを表すもの。姿勢よくきびきびしていれば、自信もつきます。歩き方は、ものの考え方や人とのやりとりにも作用するほど強力なものです。美しい歩き方をするには、いつも人に見られている意識を持つこと。自意識過剰になる必要はありませんが、効き目がある方法です。

076

してもらいたいことがあったら、
まずは人にしてあげる。

何かしてもらいたいことがあったら、まずは人にしてあげる。自分が先に与えない限り、希望が通らないのは本当です。これは海外で覚えたルールで、相手が喜ぶものをあげると、たいていは願いを叶えてもらえました。それはものや条件とは限らず、ちょっとした挨拶や笑顔でもいいのです。まず、相手の感情を満たす何かを差し出すことが、相手に何かしてもらう秘訣であり、人間的なつきあいの第一歩なのだと思います。

077

やさしい人にはならない。
冷たい人にもならない。

「本当にやさしい人」になるのは難しいけれど、「やさしい人」だと言われるのは簡単です。真実から目を背けても、相手に快いことだけ言い、どんな結果を招こうと、その場しのぎでやさしくするなら誰でもできます。しかし、やさしい関係性で育つものなど何もないと思います。意地悪くしろ、冷たくてもいいという話ではありません。責任を果たし、何かを成し遂げるためには、やさしさでごまかさない強さも必要だということです。

078

愛するとは相手を生かすこと。
愛し合うとは生かし合うこと。

愛するとは相手を生かすこと。愛し合うとは生かし合うことです。やさしくすることが、愛することではありません。いくら善意でも、自分の思うままに相手を変えようとしていたら、愛ではありません。愛するとは、自分との関係の中で相手の翼をのびのびと広げさせてあげること。相手が可能性という翼で遠くまで飛べるようにしてあげることです。愛の名のもとに相手を支配するのは、一番恐ろしい、まやかしの愛です。

079

歴史を学ぶ。歴史から学ぶ。

歴史とは人の行いの集積です。歴史には貴重な失敗例と貴重な成功例が幾多とあります。これほど豊かな学びの教科書はないと言っていいでしょう。迷ったり、悩んだりした時は、歴史に学び、振り返る。「こういう失敗があったんだ、こういう成功があったんだ」とよく理解して、参考にすることです。江戸時代の人と自分を比べ、嬉しさも悲しさもある同じ人間だと気づいて嬉しくなる。こんなことも、歴史を学ぶ醍醐味です。

080

足と腕を組まない。
座り方にいつも注意。

座り方には、いつも注意しましょう。足を組んだり、腕を組んだりは、人前では失礼。無意識に腕組み、足組みをする癖がある人は、マナーとして直していったほうがいいでしょう。欧米なら普通であっても、日本人にそういった習慣はありません。だらしなく足を伸ばす、はたまた姿勢が悪いのもいただけません。ましてや椅子に背中を預けて反り返るなど、論外だと思います。

081

「お金がない」「時間がない」と言わない。

お金が不足、時間が不足ということはよくあることですが、それを言葉にしないこと。ついこぼしそうになったら、ぐっと飲み込むこと。なんとしても言うべきでないと思っています。限られたお金や時間でものごとを進めるのは、自分の責任です。不足の原因は、自分の生活態度にあるのかもしれません。それなのに「社会のせい、世の中のせい」と責任転嫁をしていたら、いつまでたっても足りないままでしょう。

082

迷った時はしんどいほうを選ぶこと。

毎日は、判断しなければいけないことの連続です。だからこそ、毎日毎日、迷いますし悩みます。何を選択するか決めあぐねた時は、一番しんどいものを選びましょう。一番しんどいものに取り組むと、否が応でも集中します。慎重になり、入念に準備もするでしょう。結果としてもっとも正しい方法でやることになり、学びも多く、成功につながります。逆に楽な方法を選ぶと、緊張感もなく、何も得られるものがありません。

083

さかさまにも考えてみる。

一方向だけで考えていると、必ず行き詰まります。なかなか答えが見つからない時は、逆の方向からものごとを考えてみるといいでしょう。短期間でやろうと思っていたことを、時間をかけてやったらどうだろうと考えてみる。自分の立場が上司であれば、部下になったつもりで考えてみるという具合。矢印を一方通行にしないイメージです。ポイントは「自分が正しい」というかたくなな思い込みを捨てて、脳みそを柔軟に保つことです。

084

アクセルよりもハンドリングよりも
ブレーキ上手になる。

車の運転と人生の運転はよく似ています。曲がり方やスピードの出し方は意識するのに一番大事なブレーキが下手な人が多いように、仕事や暮らしでもついブレーキをおろそかにしがちです。Ｆ１ドライバーになれる人は、なんといってもブレーキ上手だといいます。飛ばすだけの人、ハンドリングに凝る人は、いずれ事故を起こします。車の運転も人生も、事故なく継続していくためには、適切な時にブレーキをかける勇気が必要です。

085

いつもバランスを整える。
美しい調和を心がける。

食べものにしても、運動量にしても、人とのコミュニケーションにしても、偏らないことが重要です。前日食べ過ぎたら、今日は控えめに軽く食べる。運動不足だったら運動する。仕事に集中したら、しばらく休む。人に会い過ぎなら、一人の時間をとる。欲望に任せて、目の前のものごとを過剰に取り入れてはいけません。調和が美しく取れている状態を目指しましょう。バランスを整えることがものごとをよどみなく進める鉄則です。

086

種をまき、水をやり、育て、
収穫をする。農夫であれ。

人間は、二つのタイプに分かれます。ひとつは、出かけて行って、何かを見つけて捕まえるハンタータイプ。もうひとつは、土地に種をまいて、水をやって、育てて収穫をする農夫タイプ。いい悪いではありませんが、自分は農夫でありたいと思います。種をまき、育て、収穫するというサイクルを、自分の人生の中でふさわしい時期やバイオリズムを考えながら繰り返したいと思います。

087

いつも15分前。

何事も15分前、いつも15分前を自分のルールにする。待ち合わせ場所には15分前に到着し、会議も15分前には着席していることを心がけましょう。気持ちを整え、スタンバイ状態にしておくのが、15分前という意味です。

088

感想を伝えることを忘れない。

人が何かしてくれたり、何か投げかけてくれることはよくあります。それは好意の表れなのに、「ありがとう」の一言で済ませてはいけません。何かしてもらったら、自分が何を感じたかを相手に伝える。それだけでとても喜んでもらえます。単純に言うと、お菓子をいただいたらお礼で終わらせず、食べたあとに「こういうふうにおいしかった」と感想を伝えるということ。これは、大切なコミュニケーションです。

089

その場にいない人の話をしない。

その場にいない人の話をするなど、まるで無意味だと感じます。うわさ話やネガティブなことは、当然、話さない。さらに、何でもない近況についてや褒め言葉であっても、当事者がいない時は決して話さないことです。うっかりすると話題にしてしまいますが、いらぬ誤解のもとなので、慎んだほうがいいでしょう。

090

仕事人間にはならない。
生活人間になる。

仕事を取ったら何も残らないような人間にだけは、
なりたくないと思います。たとえ仕事がなくても、
生活を楽しめる人間でありたいと願っています。
生活は、仕事を活かす土台です。「優秀だけど、
休みの日に会うとつまらない」という仕事人間は、
なんとも寂しいものです。

091

おしゃれよりも清潔感。
服装は相手への敬意の表れとする。

服装は、相手への敬意の表れです。だからこそ、大切なのはおしゃれよりも清潔感。自己満足のおしゃれで終わらせてはいけません。流行のあれこれよりも、清潔感にこだわりましょう。くだけすぎるのも考えもので、Tシャツで打ち合わせに行くなど、失礼極まりない態度です。相手がどんなに年下であろうと、ちゃんとした格好で会うことが大切です。

092

敗者になっても弱者になるな。

弱者とは、他人に依存して保護を受けなければ生きていけない人のことです。たとえば、リストラされなくても、会社に依存していれば弱者にすぎません。敗者は、どんなに失敗を繰り返したとしても、自分の力で立ち直って、再び勝負を挑む勇気を持つ人のこと。敗者にはチャンスはやってきますが、弱者には未来はありません。

093

トイレでも感謝。何事も感謝。

どんなことでも「ありがとう」を言いましょう。当たり前のように何事にも感謝をしましょう。僕は朝、トイレに行っても「ありがとう」とつぶやきます。体が健やかに働いてくれるから、おしっこが出るのです。清潔なトイレにありがとう。健康であることにありがとう。感謝の念が自然に沸き上がります。爪を切る時も、「爪が伸びるってことは、生きているし、健康なんだ」と感謝できるようになります。

094

もっと良くするには
どうしたらいいかの工夫を続ける。

いろいろ考え抜き、できる限りのことを行動に移すと、たいていのことは形になります。しかしそれはゴールではなく始まりです。とりあえず完成させたら、もっと良くするためにはどうすればいいのか、あらゆる方法を考えましょう。「できあがった」と思った瞬間に気持ちを途切れさせるのではなく、「まだまだ良くできる」と粘る。考え抜くことが進歩の鍵を握っています。

095

身の回りにひとつ増やしたら、
ひとつ減らす。

本、洋服、インテリア、文房具、アクセサリー。身の回りのものをひとつ増やしたら、ひとつ減らすことを考えましょう。無防備に増やしていかないように自分に適した量を見極める。その人に合った、バランスの取れた、ものの総体量は誰にでもあります。どういうわけかものが増えてしまうこともありますが、そんな時ほど「何を減らせるか」と意識する習慣を持つことです。

096

寝具と家具にはお金を惜しまない。

一日のうち、三分の一近くは寝ている時間です。一生でも同じです。それだけ時間を費やしているのですから、寝具は上質のものを。これは自己投資とも言えます。シーツ、枕、ベッドは、自分のできる範囲で、最上のものを選びましょう。家具も自分の財産になる、一生直しながら使えるものを選びましょう。人さまに見せないものほどお金をかけることが、心の豊かさにつながります。

097

3ヵ国語を話せるようにする。

これは、自分の中の絶対条件であり、大切な自分プロジェクトのひとつです。外国人とダイレクトに話せるなんて、実にすごいことです。実際に話せるようになるのは難しいにせよ、自分プロジェクトとして持っているのと持っていないのでは大きく違います。母国語を入れて３ヵ国なので日本語と英語と中国語。年齢が若ければなおさら必要不可欠な、自分プロジェクトだと思います。

098

時間と仲良くなる。
時間に好かれる仕事と暮らし。

お金、道具、身の回りのもの。すべてのものと、友だちと同じように仲良くなることが大切です。特に時間とは仲良くしたい。時間に好かれる仕事と暮らしを心がけています。追いも追われもせず、時間と共に、穏やかな一日を過ごす。ものでもないし、目にも見えないけれど、自分がどう生きていくかは、どう時間とつきあうかと通じています。

099

自分の基本の更新を常に行う。

自分の基本を持つことは大切です。なんとなく思うのではなく、言葉にしましょう。そして、基本といえども不変ではありません。人は常に変化していて、今日の自分と明日の自分は違います。変わりゆく自分にフィットするよう、もっと自分を良くするよう、基本をアップデートしていきます。昨日までの自分にとらわれず、矛盾を恐れず、前に進みましょう。形や習慣をひっくり返せる柔軟さと勇気を持つことです。

100

100 Basics

Basic Notebook of COW BOOKS

COW BOOKSの『100の基本』とは

自分たちにとっての「自由」をキーワードにして立ち上げた書店『COW BOOKS』をスタートさせて10年が経ちました。

どんなふうに働くのか、何を守り、何を大切にしていくのか、自分たちがどうあるべきなのか、店をどう育てていくのか、目的は何なのか、そういうことをオープン当初から、スタッフ全員で真剣に話し合ってきました。店を続けていくには、スタッフ全員が、心をひとつにしなければいけないと思っていたのです。

そのために、日々、自分たちにとっての基本としておきたいことを、ひとつひとつ考え選び、リスト化してきました。あくまでも基本ですから、それらは最低限これだけは守っていこう、忘れずに心がけていこうということです。そしてまた、日々の失敗を教訓にして、新しいルールをつくってきました。それがCOW BOOKSの『100の基本』です。

店の仕事とは毎日のことですから、大切にしたいことや、心がけたいことがあっても、目の前にある、やらなければいけない仕事に囚われてしまうのは仕方がないことです。しかし、そのやらなければいけない仕事を支えるものとは何か。そういうことを私たちは話し合ってきました。

COW BOOKSがスタートしてから10年が経とうとしていたある日、リスト化したCOW BOOKSの『100の基本』を、あらためて全員でチェックしようと思い立ちました。ひとりひとりが100の項目について、できていることと、できていないことを明確にすることで、全員でできている共通の項目がわかると思ったのです。10年間の努力の末、100のうち、半分でもできていたらいいと僕は思っていました。みなさんはいくつあったと思いますか。

参考までに、スタッフ全５名がチェックした結果を書いてみます。

スタッフAのできていること17。できていないこと83。スタッフBのできていること60。できていないこと40。スタッフCのできていること43。できていないこと57。スタッフDのできていること40。できていないこと60。スタッフEのできていること19。できていないこと81。ちなみにスタッフEは働き始めて一ヵ月の新人です。

そして、この5名全員でできている共通の項目は、100のうちのたったの2つでした。その項目は、「本棚を見ているお客様の前を決して横切らない」「買っていただいた商品は両手でお渡しする」です。

なんてことでしょう。この結果には全員で言葉を失いました。しかし、これが私たちCOW BOOKSの現実の姿なのです。受け止めるしかありません。そして、10年という区切りの時期に、このことを知ることができて良かったと思ったのと、COW BOOKSの『100の基本』をつくっていて良かった、と深く感じました。

今、私たちは新しい区切りを迎えるにあたって、ひとりひとりがCOW BOOKSの『100の基本』の中から、できていることはさらに磨き、できていないことは、できるようになるように、日々の目標にして働いています。その管理は自分自身で行っています。そしてまた、もちろんCOW BOOKSの『100の基本』は、日々アップデートし、新しくしていっています。

相手がとびきりうれしくなる挨拶を
心がける。

誰にとっても、挨拶はお守りです。お店で働いているならなおさらです。大切なのは、相手がとびきりうれしくなる挨拶をすること。「こんにちはー」「いらっしゃいませー」と大きな声で言えばいいということではありません。「お客様ひとりひとりにとって心地よい挨拶とは何だろう」と考え、察し、判断し、使い分けなければなりません。タイミングや声の大きさなど、100通りの挨拶ができる「挨拶上手」を目指しましょう。

001

スタッフ同士で
挨拶、笑顔の練習をする。

挨拶は、誰にでもできるからこそ難しい。だからスタッフ同士で練習をしましょう。「いらっしゃいませ」「ありがとうございました」の声の出し方と、笑顔の練習。お互いがちゃんとできているかを調べるのです。本人は言っているつもりでもはっきり聞こえないなら、発声も滑舌よい話し方も練習せねばなりません。「いらっしゃいませー」と語尾を伸ばす癖も、お互い注意して直していくようにします。

002

どんな時も笑顔を欠かさない。
歯を見せるように。

笑顔は、良い雰囲気をつくり出します。ただしそれは「本物の笑顔」に限ります。「笑顔のつもり」の顔をしていませんか？　笑っているのに、はたからはそう見えないことも多いものです。お客様を迎えたら、歯を思いきり見せ、本物の笑顔になりましょう。いい笑顔をしているか、スタッフ同士が確認し合うことも大切です。「今日の笑顔は素敵ですよ」と、お互いが言い合えるよう、本物の笑顔で微笑みましょう。

003

一日に何度も身だしなみを整える。
だらしなくないか。

身だしなみは、一番ベーシックなマナーのひとつです。朝だけでは足りません。きちんとした身だしなみを保つよう、一日に何度も整えることが肝心です。髪の毛、顔、手、服、靴。だらしなくはないか、不快感を与える要素はないか、一日に何度も点検すること。鏡の前で自分の姿を整えてから、お客様の前に出ましょう。これはごく当たり前のことだけれど、決して忘れてはならない大切な基本です。

004

朝は必ずシャワーを浴びて清潔に。

たとえ夜のうちに入浴を済ませていても、朝は必ずシャワーを浴びてから出勤する。これは清潔感を保つためのベーシックなルールです。朝のシャワーは、寝癖や寝汗や体臭はもちろんのこと、眠たそうな顔や、ぼんやりした気分も洗い流してくれます。起き抜けの、もわっとした空気をまとったスタッフが一人でもいると、お店の雰囲気がどんよりします。新しい一日を始めようという仕事場に、寝起きモードを持ち込んではいけません。

005

爪は伸ばさない。指先を清潔に。

お金のやりとり。包装。商品の受け渡し。いつもお客様の目に触れるのが指先です。もう少し詳しく言うと、一番目につくのはその人の爪。爪が汚かったら失礼だし、ごてごてと目立ちすぎても不快感を与えます。いつもきちんと切りそろえ、清潔にしておきましょう。たとえ女性でも、爪は伸ばさない。たとえ男性でも、ハンドクリームで指先の手入れをする。さらにスタッフ同士で見せ合って、お互いの指先を確認することが大切です。

006

服装は自由。
しかしラフな服装、不潔はご法度。

「ユニフォームがないから服装は自由だ」、「ファッションは自己表現だ」、こう思っているなら大きな勘違いです。自由とは、ひとりひとりが自分で自分を管理すること。仕事にふさわしい装いとは何か、自分で判断しましょう。短パンにサンダルにTシャツというラフな服装はご法度。不潔なのは論外です。男女を問わず、清潔で、きちんとしていて、襟のあるものを着る。こうした基本を踏まえるだけで、たたずまいが変わります。

007

一ヵ月に一度、
必ず髪の毛を切って整える。

伸びっぱなしの髪では、身だしなみは整いません。たとえ結んでいたとしても、何ヵ月も伸ばしたままでは、働く人間の身だしなみとは言えません。一ヵ月に一度、必ず髪の毛を切りに行くことを習慣にしましょう。

008

スタッフ同士で働き方を注意し合う。

先輩でも後輩でも関係ありません。「お互いの働き方を見ていて、もし仕事に支障があることに気づいたら本人にはっきりと言う」、これがCOW BOOKSの基本です。どんな小さなことでも見逃さない。言いにくいことでも、きちんと伝える。指が汚い、髪が伸びている、働き方がだらしない、やる気がないという時、きちんと注意し合わないとお互いが進歩しません。ベテランで慣れている人ほど、新人の緊張感ある目で点検してもらうことが必要になってきます。

お客様の前で
おしゃべりを決してしない。

私語は言語道断。たとえ仕事に関する話であっても、もってのほかです。お客様の前でスタッフ同士がおしゃべりをしないこと。これは何があっても守りたい基本です。別の話をしているのは、お客様を無視しているのと同じです。店の中では全神経をお客様に集中しましょう。今どうしたいのか観察し、何かしてほしいそぶりを見せたとたん、声をかけられなくても飛んでいく。この心がけでいたら、一瞬もおしゃべりなどしていられません。

010

電話の呼び出しよりも
目の前のお客様を優先する。

お客様と接している最中に電話が鳴った時、とっさに出てはいけません。たとえ店の中に一人でいても、電話を優先して目の前のお客様を待たせるなど、とてもおかしなこと。電話をしながらお釣りを片手で渡すなど、失礼極まりない話です。電話は鳴らしておけばいい。うるさいなら、取ってすぐ受話器を置けば鳴り止みます。もちろん、仕事中に個人の携帯電話を持たないのは当然です。

011

本を宝石のように大切に扱う。
置き方、さわり方、持ち方を
ていねいに。

それが100円の本であろうと宝物です。自分たちで選び、お客様に喜んでいただく本だから、本当に大切に扱います。置き方、持ち方、なにげない動作をていねいに、高価な宝石のように本を扱いましょう。本を愛する態度で本に接しなければ、お客様に対しても不誠実になってしまいます。無造作にぼんと置かない。だらしなく積み上げない。「本のおかげで仕事ができて、お金がいただける」という感謝の念を忘れないようにしましょう。

012

自分の働き方をお客様に見てもらう
気持ちで働く。

お店とは、働く人たちにとってのステージであり、お客様とは、わざわざ来てくれた観客です。どれだけ一生懸命に仕事をしているか。どのように大切なことを守っているか。商品を売るだけでなく、自分たちが学び、成長するために働いているという姿を、お客様に見てもらうという意識を忘れずにいましょう。「常に見られている」という意識があれば、背筋も自然に伸びるはずです。

013

しっかりと腰を曲げて頭を下げる。
あごや頭だけを動かすことはしない。

挨拶は、言葉だけではできません。笑顔も必要だし、全身で表現してこそ、本物の挨拶となります。「いらっしゃいませ」と声を出すだけで済ませないこと。首を動かす、あごをしゃくるという動作はお辞儀のうちに入りません。しっかりと腰を曲げ、深々と頭を下げましょう。一回一回、感謝の気持ちを込めて、全身でていねいに挨拶すること。お客様に他の店との違いを感じていただくには、こうした積み重ねが大切です。

014

はい、と明るく返事をする。
返事に心を込める。

お客様に何か言われた時、スタッフ同士でのやりとり、どんな時にも、「はい」とはっきり返事をしましょう。いつも忘れずにいたいのは、相手に伝わる返事であること。明るい返事であること。そして、「どんな返事をしたら喜んでもらえるか？」と、心を込めて考えることです。

015

来店されたお客様に自分が
何を与えられるかをいつも考える。

お店に来てくださった人に、自分は何が与えられるか、どれだけ喜んでもらえるかに尽きます。「ここに立ち寄ってよかったな」「これで数日、いい気分でいられる」という気持ちのお土産を、すべてのお客様に差し上げましょう。何も買わなかった人にも、なんだかいい気分という小さな喜びを持ち帰ってもらいたい。喜んでもらえることが自分の喜びだから、「どうやって喜ばせよう？」と考えることも楽しくなります。

016

見えないところほどしっかりと掃除。
チェックリストを活用する。

朝から晩まで掃除。手が空いた時は掃除。とにかくいつも掃除をしましょう。見えるところは、仕事をしながら掃除できます。見えないところは、開店前の一時間と閉店後の30分、汗をかいてしっかりとやりましょう。見えないところは手を抜きがちですが、チェックリストを使えばぬかりなくできます。汚れが見つからないほどきれいなところを、毎日、時間をかけてみっちり磨く。この一生懸命さが自信になるから、丹念に掃除をします。

017

トイレは
使う度に心を込めて掃除する。
トイレのフタはいつも閉じておく。

毎日、毎日、考えましょう。もっときれいにするには、どうしたらいいか？　と。特にトイレは、使う度に掃除。お客様が使ったら掃除をし、スタッフが使ったら出る前に掃除です。フタをしておくのは、次に使う人への思いやりであり、むき出しにしないという心くばり。トイレは心を込めて掃除をし、「いつも掃除したばかり」の状態を保つことが基本です。

018

きれいなところを
もっときれいに磨き上げる。

きれいなところを、もっときれいに磨き上げるのがCOW BOOKSの掃除です。木の棚は、磨けば磨くほど艶が出ます。ステンレスのカウンターは、わずかに残る手の脂があるので、「この洗剤なら落ちるかな？」と工夫するのも大事です。毎日ていねいに掃除をしていれば、きれいのレベルが高くなります。最高のレベルを目指し、心を込めて磨きましょう。誰にも見えない裏側まで磨けば、店の空気まできれいになると思います。

019

カウンターや収納は、常に整理整頓。

お店は個人の家でも部屋でもありません。引き出しひとつでも、みんなの共有の場です。次に使う人が気持ちよく使えるよう、常にきれいに整理しておきます。「自分流の片づけ方」「適当な収納」など、絶対に許されないこと。いつ、どこを開いても何があるか、スタッフ全員にわかるように整えられていることが肝心です。使い勝手をよくするために位置を変える時は、全員にわかるようにしておきましょう。

020

ゴミをためない。
常にゴミの整理整頓。

ゴミ箱はいっときゴミを「入れる」ためのもの。ゴミを「ためる」ためのものではありません。ゴミが満杯のゴミ箱などあり得ません。「一日の終わりにまとめて捨てればいい」というのではなく、たまったら捨てること。いいえ、たまる前に捨てるということです。仕事中、息をつく暇ができたら、ゴミ箱の中身を小さな袋に詰めてまとめておきましょう。このひと手間で、ぐっと気持ちよく働けます。

021

お客様を常に観察、
何が必要かをただちに察するように。

お客様に対しては、テレパシーを持ちましょう。「すみません、〇〇はありますか？」「ちょっと〇〇してください」と言われる前に、要望を察します。言おうとした瞬間、飛んでいくくらいが理想です。そのためには、お客様を常に観察すること。相手が何も言わなくても、集中して見ていればわかることは、いくらでもあります。お客様のためのテレパシーを持ちたいと思ったら、ぼんやりしている暇はないとわかります。

022

お客様が店内にいる時は座らず、
立って、接客を優先。

これも大事なルールです。カウンターの中に腰掛けるスツールはありますが、店内に一人でもお客様がいたら、必ず立って、待機しているのがCOW BOOKSの基本。仕事であっても、座って伝票整理をするなど、絶対に許されません。何があっても、接客が最優先です。

023

一日に何度も手を洗って
きれいにする。

手を洗うと、気分も新しくできます。石鹸と水の流れで清潔になるのは、手だけではないのです。仕事をしていると、いらいらすることもあれば、嫌なこともあります。気分が晴れない日もあるでしょう。しかし手を洗えば、気持ちのよどみも流れていきます。一日を通して、何度も手を洗いましょう。ぼんやりしていたり、少し眠そうな顔をしていたりするスタッフがいたら、「手を洗ってきてください」と声をかけてあげましょう。

024

お客様に決して馴れ馴れしくしない。

何度も顔を合わせ、お互いに気心が知れても、お店の人間が、お客様と友だちになってはいけません。若くて同年代だと、たちまち仲良くなってしまいますが、馴れ馴れしくしてはいけません。必ず敬語を使うこと。いつも礼儀を忘れないこと。「親しくなること」と「友だちになること」の間に、ぴしっと一本の線を引き、決して超えないように注意を払うのが、プロフェッショナルのたしなみです。

025

「ありがとうございました」に
ひと言、必ず言葉を添える。

お客様を送り出す時、「ありがとうございました」だけで終わらせず、何か言葉を添えるようにしましょう。「遠くから来ていただいてありがとうございました」「またどうぞいらしてください」「雨なので、お気をつけて」。マニュアルではなく、自分で考えたひと言を添えましょう。お客様ひとりひとりに、どんなお礼をしたらいいのか常に考える。「あなたを無視していません、大切なお客様だと知っていますよ」と伝えることです。

026

お客様の素敵なところをほめる。
喜ばせる。

いつも「相手のいいところを見つけてあげよう」という気持ちでいましょう。お客様のすてきなところをほめるというのは、人のいいところを見つける訓練にもなります。着ているもの、持っているもの、髪型。雰囲気でもいいと思います。何かひとつ、「今日はすてきですね」とほめれば、お客様に喜んでもらえます。どんな職業でも、人を喜ばせることは大切な仕事です。

027

何事も15分前を心がける。

お店を12時に開けるなら、仕事の始まりは11時。開店1時間前から掃除を始めるためです。しかし11時ちょうどにお店に来たのでは、「11時00分00秒」から掃除ができません。つまり15分前には来ていないと、定刻に仕事を始められないということ。10時からミーティングであれば、15分前に来ていること。どんなことでも15分前と決めてしまえば、前の予定が多少延びても、決めた時間に遅刻することはありません。

028

店内でお客様の気に障るような音を出さない。

重いものを置く時の、どすんという音。荷物を梱包する時の、ガムテープをびりびり引き出す音。お店の中では何があろうと、お客様の気に障る音を出してはいけません。「こっちは仕事をしているんだから、しょうがない」という言い訳は通用しません。一人でもお客様がいるなら、ゆめゆめ音を出さないよう心がける。音が出る作業は、誰もいない時や、誰にも聞こえないバックヤードでしましょう。

029

体臭に気をつける。
店内をいつもいいにおいに。

とてもデリケートなことですが、だからこそ注意しましょう。体臭は人それぞれで、強く漂う人もいます。「体質だから仕方ない」というのはいけません。最善の処置をし、絶対に臭わないように気をつける。本人にはわからないことも多いので、スタッフ同士はっきりと「頭が臭い」「体が臭うから直してください」と言うようにしています。時に相手を傷つけるかもしれませんが、それよりも大切なのが仕事の責任でありマナーです。

030

口臭に気をつける。
食事の後は歯磨きを。

食事をしたら必ず歯磨きをしましょう。食後でなくても口臭を感じたら、スタッフ同士がお互い、「歯を磨いてきたほうがいいかもね」と言い合うこと。口臭も本人はわからないもので、言ってあげるのが親切です。お酒を飲んだ翌日や体調によって、臭うことは誰でもあります。「言いにくいんだけど」という気遣いが不要になるくらい、普段から言い合うようにすれば、注意されても「ごめん、磨いてくる」で済むようになります。

031

今までなかったものを生み出すこと。

表現、サービス、手段など、今までなかったものは何だろうかと思考することは大切です。それでいて普遍的であることも心がけます。それはすなわち、新しい当たり前、を生み出すこと。今までこうしてきたから、とか、普通はこうする、というような固定観念から離れたアイデアこそ、チャレンジに値すると知りましょう。その上での失敗の繰り返しは宝物になります。

032

二ヵ月後の予定を明確にし、
そのための準備を怠らない。

日々は［今日の仕事］＋［二ヵ月後の仕事の準備］の繰り返しです。「二ヵ月後のために今は何をやっているの？」と聞かれたら、はっきり答えられるようにしておきましょう。イベントにしろ、プロジェクトにしろ、新しい仕事を学ぶにしろ、一ヵ月でやるのは無理。三ヵ月前からやるようでは時間をかけすぎ。だから二ヵ月かけて、きっちり準備しようということ。「今日のことをていねいに、先のこともぬかりなく」が基本となります。

033

お客様の手が汚れないように
常に本はきれいに手入れする。

商品である古書をとにかくきれいにする。これはCOW BOOKSの基本中の基本です。店をきれいにするのと同じように、本のカバーも中身も、いつもきれいにする。お客様が「いいな」と思って手に取ってくれても、店を出る時には手が真っ黒になるようでは困ります。たとえそれがどんなに貴重でも、みんなが探している本であっても、汚い本は扱わない。このルールを徹底しましょう。

034

本棚を見ているお客様の前を
決して横切らない。

これも絶対に守りたい基本です。「店が狭いからしょうがない」というのは言い訳です。書店で本棚を見ている目の前を、店のスタッフが通り過ぎるなど、お客様は嫌に決まっています。どうしてもそこを通らなければならないほど急ぐことなど、何もありません。

035

書き込みのある本、べたべたした本、
煙草の臭いのある本は
決して売らない。

落書きや書き込みのある本。べたべたした本。どんなに希少本でも、COW BOOKSでは絶対に扱いません。意外に見落としがちですが、煙草の臭いのある本もけっこうあり、これも決して扱いません。何があっても選ばないし、売らないように徹底しましょう。

036

こんなふうになりたいという
個人的な目標、夢を持つ。考える。

「あなたの夢は何ですか」と聞くと、答えられない人が多いことに驚きます。なんとも不思議な話です。「こんなふうになりたい」という夢を持ちましょう。個人的な目標について考えましょう。仕事を、自分の夢や個人的な目標を叶えるプロセスにしましょう。スタッフ同士で「自分にはこんな夢がある」と語り合いましょう。どんなにささやかであっても、個人的な夢を持っている人といない人とでは、働き方がまるで違ってきます。

037

仕事の目的は、
本を売ることではなく、
お客様に喜んでもらうこととする。

「売るためにどうすべきかなんて考えない。お客様に喜んでもらうにはどうしたらいいかを考える」これがすべての仕事の基本です。売ることを目的にしたら楽しくありません。売ろう、売ろうと思ったら、何も売れません。それよりも、お客様に喜んでもらうこと。どうしたら喜んでもらえるか、一生懸命になること。そうすれば自然と結果はついてきます。お客様のほうが選んで買ってくれます。一度買って終わりではない、つながりができます。

038

自己責任、自己開示、自己点検。

規制を受けずに自由に仕事をする以上、その責任はすべて自分で引き受けること。自ら良いこと悪いことすべての情報をオープンにすること。自分たちの在り方を自分たちでチェックし、即座に問題解決をすること。この三つを肝に銘じ、日々の仕事に向き合いましょう。自立＝インディペンデントであるということはこういうことです。

039

店内の温度は自分たちではなく、
お客様に合わせる。

お店のエアコンの温度はスタッフではなくお客様に合わせること。自分たちを基準にしないことです。ずっとお店の中にいると、暖房をつけっ放しの冬は暑くなり、冷房をつけっ放しの夏は寒くなりますが、調節してはいけません。外から来るお客様は、寒いなか、暑いなか、来てくださいます。外から来てちょうどいい温度が、そのお店の「適温」。冬のぬくもり、夏の涼しさ。スタッフの快適さより、お客様の快適さを優先しましょう。

040

お客様に本のことを教えていただく
謙虚さを持つ。

頼まれない限り、商品の説明はしません。本屋だから本に詳しい人が必要とも感じません。本に詳しくなるより、お客様に喜んでもらうことを考える人と働きたいと思っています。「相手のほうが知識豊かだ」という前提でいましょう。自分が話せるというのは、お客様にとっても嬉しいものです。スタッフは仮に知識があっても、決してひけらかさない。「本の話を聞かせる店でなく、お客様の話を謙虚に聞く店」を目指します。

041

いつも、素直、初々しさを心がけて
働くこと。

何か言われるたび、「だけど」「本当？」と疑うようでは、いい仕事はできません。何でも疑って理屈をこねる人は、悪気がなくても気持ちよくありません。素直さと初々しさを持って毎日の仕事をすること。たとえ「違うな」と思っても、すべて受け止めること。素直であるには初々しさも大事です。たとえ十年働いていても「今日、初めて働く」という気持ちで取り組みましょう。

042

働き方、店、その他すべてが
「新しいか」を常に考える。

新しいことは、面白い。工夫するのは、面白い。変化を加えると楽しいし、それが成長につながります。逆にずっと同じ働き方でいると、意味のない修行のようで苦しくなっていくでしょう。働き方、お店の様子、仕事の環境、すべてが新しくなるように毎日考え、アップデートしています。ミーティングの最後の問いはいつも、「それって新しいかな？」。新しい方法、新しい考え方、新しい工夫を、いつも探して試していきましょう。

043

どんなことにも反応をするように。
敏感であれ。
無関心、無視をしない。

反射神経を鍛えましょう。どんなことにもすぐに気がつき、反応する存在でいましょう。いつも敏感でいるには、無関心はもってのほか。お客様は当然として、スタッフ同士でも関心を持ち合うことです。わざと無視をするなど、あり得ない話です。店の外に置いた傘が倒れただけでも気がつく感性。目の前のことでなく、360度の出来事に反応する神経。自分の後ろにも目をつけるくらい敏感でないと、良い仕事はできません。

044

相手を敬い、礼儀作法を守る。

お店での挨拶、電話、手紙。仕事にはたくさんのやりとりがあります。COW BOOKSの基本は、礼儀作法を守り、いつもていねいであること。相手を敬うこと。何事もおざなりにしないこと。お願い、問い合わせ、返事、謝罪はすべて手紙です。書いた手紙は全部コピーを取ってファイリングしておきましょう。そうすれば書いた当人がいなくても、いつでも対応できます。また、礼儀作法を守っているかを、スタッフ同士で確認することもできます。

045

COW BOOKSの店員としての
自覚を店の外でも持つ。

仕事から離れて食事に行ったり、友だちと遊んだりすることはあって当然です。プライベートを楽しむのはいいことですが、常に「自分はCOW BOOKSの人間だ」という自覚を忘れてはいけません。「自分のことは誰も知らない」と思っていても、どこかで誰かしら見ています。信号無視をしたり、酔っ払ったりしていたら、お店を愛してくれるお客様をがっかりさせてしまいます。一緒に働いているスタッフにも迷惑がかかります。

046

一日に何度でも
気がついたところは掃除をする。

一日中掃除をしていてもいいぐらいだと思っています。スタッフはみな、いつでもウエスを持っていて、何かあればすっと出しましょう。朝の掃除で見えなかった汚れが昼間の光線で浮かび上がってきたら、すぐさま拭くという具合。お客様を気遣いつつも、ていねいに掃除している姿を見て、不快に思う人はいません。ぼーっと立っているよりずっと一生懸命さが伝わります。店の中でお客様と二人きりという時の張りつめた空気を、自分から外すことにもなります。

047

仕事は自分で見つけて、怠けない。
汗をかく。

COW BOOKS店内は、スタッフ一人でことたります。だからこそ誰も見ていない中、自分で仕事を見つけ、怠けず汗をかくのが基本です。それで店の雰囲気が違ってくるので、どんな仕事ぶりか見ていなくてもわかります。普段の態度にしても、一生懸命な人はテンションが上がるので反射神経もよく、きびきびしています。一方ぼんやりしている人は、テンションが下がるので反射神経も鈍く、声だけで怠けているとわかってしまいます。

048

所作は常に美しく、ていねいに。

歩き方、ものの持ち方、電車での座り方、エレベーターのボタンの押し方。「いつも見られている」という意識を持ち、「どうやったらより美しく見えるだろうか」と考えることが大切です。美しくていねいな所作は、隅々まで行き届いた仕事につながります。お店で働くのであれば、茶道を習うといいと感じるほどです。美しい所作を身につける勉強を、日々続けていきましょう。

049

今日の目標、今週の目標、
今月の目標、二ヵ月後の予定を
いつも分かち合う。

「今日の目標、今週の目標、今月の目標、二ヵ月後の予定」をひとりひとり書き出し、発表する。これがCOW BOOKSの、単純なようで難しい基本です。なぜなら目標というのは、ずっと続けているとワンパターン化します。だからミーティングで「それって新しいの？」とお互いが精査し、「毎月同じことを目標にして進歩がないのでは？」と話します。とても厳しいやりとりですが、それに耐えうる目的意識があってこそ一緒に働けます。

050

目標は途中で必ず
経過をチェックする。

目標は経過をチェックしないと達成できません。何パーセントできていて、何パーセントできていないかといったことを曖昧にしておくと、最後まで歩き通せないのです。だからひとりひとりが今週の目標を発表したら、週の半ばで「目標はどれくらいできているの？」とスタッフ同士で達成度を確認し合います。

051

どんな仕事も二人体制で行う。
メインとサブ。

商品の開発、ウェブサイト運営、お金の管理、掃除。多岐にわたるプロジェクトは、メインとサブの二人体制で臨むのが基本です。自分一人だと自己管理しきれないし、「この人しかわかりません、できません」という案件があるのはタブー。お店の運営自体を、全員が理解し、共有し、できるようにしておくための二人体制です。

052

一日に一度、
並んでいる本を必ずさわる。

不思議なことですが本当です。さわると、その本は商品として輝きます。お客様に買ってもらえます。逆に一週間も触れずにいると、その本は輝きを失い、死んでしまいます。中目黒店の2,500冊、青山店の1,000冊をさわるのは大変です。それでも、端っこ、隅っこにある本でも、一日一回さわってあげるのです。さわるとは、「元気ですか？今日もよろしくお願いします」と本に挨拶し、仲間として扱うことでもあります。

053

ひとつの仕事に慣れたら、
さらに質を高めるチャレンジをする。

いったん覚え、慣れてしまうと、「これでいいや」と思う。そんな仕事の落とし穴があります。穴に落ちないよう、クオリティを高めるためのチャレンジをしましょう。掃除でも接客でも、何かひとつできたことがゴールではありません。「どうやったら今よりうまくできるか？」「もっとよくするためには何をしたらいいか？」チャレンジをやめないことが、高い目標につながります。こう思うと気を緩める暇はなくなります。

054

時間投資という意識を持つ。

時間もお金と同じように考えるべきです。使い方を考えなかったり、無駄にしたり、使い捨てして、いくらでもあるものと思ってはいけません。時間はお金と違ってためることはできません。だからこそ、もっと有効に使うように考えましょう。休む時はしっかり休む。その使い方によって、何が得られるのかを知りましょう。生きた時間は生きたお金になり、生きたお金は生きた時間になると言います。

055

他のスタッフの仕事など、
どんな仕事にも常に関心を持つ。

自分の仕事だけでなく、他のスタッフがやっていることに関心を持つ。誰が今どんなことをしているか知っておく。一緒に働いている人がいる以上、自分の仕事だけやればいいという話にはなりません。いつもコミュニケーションをとり、自分から今、何をやっているか話しましょう。こちらが話せば、相手もきっと話してくれます。「大変だね。何かあったら手伝うよ」という協力し合う気持ちも、お互いが関心を持つことから生まれます。

056

もっとよくなるには
どうしたらよいかと
考える、工夫する、実行する。

「もっとよくなるには、どうしたらいいか」と考える。すべての仕事で忘れてはならない基本です。よくするための唯一の方法は、今より何かを新しくする工夫です。工夫を考えるところまでは誰でもしますが、さらに実行することは本当に難しい。身についたやり方を変え、習慣を変えるのは勇気がいります。しかし、工夫を実行に移してこそ経験になり、経験こそが自分自身の情報になります。オリジナルな情報を増やしていきましょう。

057

COW BOOKSに行ってよかったと
お客様に思ってもらうことに尽くす。

お客様が来店してから帰られるまで、「どうすれば、この店に来てよかったと思ってもらえるか？」と考え続ける。何かひらめけば行動に移す。この二つに全力を尽くします。「すごく落ち着けて、何時間もいちゃいました」というお客様の言葉は、最高のごほうび。居心地の良さにもいろいろあります。話し相手が欲しい人、一人で本を眺めていたい人、それぞれにふさわしい居心地の良さでおもてなしするのが理想です。

058

結果を急がない。

一度に何かを果たそうと思わないことです。何事もそれなりに時間をかける必要があります。料理と同じように、急いでつくったものと、しっかりと時間をかけたものの違いを知りましょう。一歩進んで二歩下がる。これもひとつの歩み方です。仕事には常に相手があり、その相手への配慮として時間を与えることも大切です。急《せ》いてはことをし損じる、という言葉を忘れないように。

059

「今日のスケジュール」、
「今日のチャレンジ」を
仕事の前に決めておく。

一日の仕事をスタートする前に、「今日のスケジュール、今日のチャレンジ」を決めておきます。明確に紙に書いて、みんなで共有しておくのも、なあなあにしない秘訣。「何時から何時は、この人は何をし、今日は何にチャレンジするか」と、スタッフ同士、お互いに知っておくのです。チャレンジは自分が今できていないことを選ぶといいでしょう。一つでも二つでも、新しいチャレンジをすればその日はかけがえのない一日になります。

060

一日にひとつ
新しいチャレンジを実行する。
どうだったかをチェックする。

一日の仕事をスタートする前に決めた「今日のチャレンジ」を実行できたかどうか、一日の終わりにチェックしましょう。こうすれば実行せざるを得なくなります。「こうしよう」と思いつくことより、実行することのほうが大変です。アイデアを出しただけで、できた気になっていたのでは、本末転倒。自分で自分をチェックするのは、自己管理の基本です。

061

どんなに忙しくても、
不機嫌になって仕事をしない。

誰にでも事情はあります。体調、気分の波、私生活のあれこれ。忙しすぎて余裕がなくなることも珍しくはありません。だけど、それはそれ。どんなに気分が悪い日も、仕事に自分の気分を持ち込んではいけません。スタッフ同士のコミュニケーションも悪くなり、店の雰囲気にも影響するので、「何があっても不機嫌はやめましょう」は大切な決まりごとです。

062

買っていただいた商品は
両手でお渡しする。

本は、宝石のように大切に扱います。買っていただいたならなおのこと、恭しく扱います。お客様には、両手で商品をお渡ししましょう。片手で渡したり、無造作に置いたりしないことです。

063

天候の悪い日に
来店していただいたお客様には
お礼を伝える。

雨の日、風の日、雪の日。暑くてたまらない、照りつける日もあります。そんななか、わざわざお店に来てくださったお客様には、そのことに対して、お礼を言いましょう。「今日は本当にありがとうございました」と。客足は天候に左右されます。もしこのお客様がいなかったら、売上げ0円だったかもしれないと思えば、自然に感謝の気持ちが生まれます。

064

定期的に店の大掃除をする。

毎日掃除をしていても月に一度は大掃除。不思議なもので、ちゃんと汚れが見つかります。大掃除はまた、気持ちを新しくしてくれます。どんなに面倒くさいと思っても、我慢して掃除を続けると、しみじみ「やっていてよかった」と感じられます。この達成感は普段なかなか得られませんが、仕事においてとても大切なこと。大掃除という作業を通じて、自分たちで達成感を味わう仕組みをつくりましょう。

065

「今日の身だしなみ」を
スタッフ同士で確認し合う。

「今日の身だしなみは、頭の先から爪の先までOKだろうか？」。自分で点検するだけでなく、毎朝、スタッフ同士で確認し合うことを忘れずに。爪を見せ合い、体臭や身だしなみを確認し、必要があれば注意し合いましょう。

066

連絡ノートはどんなことでも、
読みやすい字で、具体的に書くこと。

一人で仕事をしている時感じたこと。スタッフみんなで知っておいたほうがいいと思うこと。業務連絡。すべて「連絡ノート」に書くのがCOW BOOKSの決まりです。書くだけなら簡単ですが、誰かが読むことを意識し、読みやすい字で、わかりやすく、要領をまとめて書くことが肝心です。手書きで書くのも、コミュニケーションの一環。きれいな字でも下手な字でも、ていねいなのか雑なのか、どんな気持ちかが一目でわかります。

067

ためいきをついたり、
ぼんやりしたり、
あくびをしたりしない。

あまりにも当然だけれど、だからこそ『100の基本』として肝に銘じる。基本だからこそ、文字にして曖昧にしない。だから、ためいきをついたり、ぼんやりしたり、あくびをしたりしないということはCOW BOOKSの大事な基本です。当たり前のことをおろそかにすると、すべてがとめどなく崩れていきます。

068

ミーティングでは、
新しい提案、工夫を話し合い、
すぐに実行に移す。

ミーティングは、参加することではなく参加前の準備が重要です。新しいアイデア、提案、工夫をそれぞれが発表し、みんなで話し合う。そこでいいものがあれば、すぐに実行に移せるようにしておきましょう。こうしたミーティングがある以上、各自があらかじめ準備していなければ、出席したことにはなりません。たとえミーティングがなくても、いつも発表できるくらいの準備をしておくことを基本とします。

069

ミーティング、打ち合わせは
必ず議事録で記録し、
スタッフ全員が読む。

ミーティングはもちろん、どんなに短い打ち合わせでも、必ず議事録として記録しておきましょう。たった5分の打ち合わせで何かが決まることもたくさんあるので、あとで「そんなことが決まったの？」となるのは困ります。だからこそ全員が共有できるように、自分が何か打ち合わせをしたら、必ず紙に残しておきます。議事録も、もちろん手書き。大変ですが続けるうちに慣れてきて、コミュニケーションが濃密になります。

070

どうしたらお客様に心地よく、
長く滞在していただけるかを考える。

心地よく、長く、お客様に滞在してもらうためには、店をどうしたらいいか？　心地よさというのはお店の財産であり、スタッフのちょっとした気遣いでつくり出すことができます。「自分がお客様だったら、どんな店が心地いいだろう？」と、全員がいつも考えなくてはなりません。

071

約束は必ず守る。
守れない時は必ず早めに連絡する。

仕事とは、約束事でできています。約束は必ず守ることが基本中の基本です。もちろん、どうしても守れないケースも生じます。そんな時は、できるだけ早く連絡すること。守れないとわかったら即報告するくらいがいいでしょう。「今の状況では約束を果たせないけれど、いつまでにはやります」「今回は無理ですが来月こうします」というように。ぎりぎりになって、相手から「あの件はどうですか？」と聞かれるようではいけません。

072

何事も想像力を働かせ、よく考える。

想像力を働かせることができる。これこそ、仕事ができる人の鉄則です。何事にも想像力を働かせること。目の前のことの先のその先まで想像力を働かせて、よく考えること。すべての仕事においてこのルールを守りたいと思います。想像する時には、最悪の状況と、最高の状況の両方を考えるようにするといいでしょう。

073

連絡、報告、相談を決して怠らない。

シンプルなことですが、習慣にしないと危険です。たった一日、連絡、報告、相談のどれかひとつでも怠ると、全体のペースが乱れ、元に戻すのが大変になります。たった一人がたった一回、報告を忘れただけで、COW BOOKS全体のクオリティが落ちてしまうのです。マラソンと同じで、毎日しないと駄目なものだと理解しておきましょう。

074

予算経過を常にチェックし、
臨機応変に対処する。

ものを売るのではなく、お客様を喜ばせることが仕事ですが、お金という結果が伴わなければ店は維持できず、お客様を喜ばせられません。スタッフであっても常に売上げ状況を把握しましょう。成り行きではなくお金の経過をチェックしましょう。売上げ目標に届かないなら早めに手を打つこと。遅いと遅いだけ苦労します。水曜日の時点で週の売上げ目標の３分の１だとしたら、お客様に喜んでもらう別の方法を考えるべきです。

075

どんなことでも事後報告は
決してしない。
報告は聞かれる前にする。

どんなことであっても、事後報告はタブーです。
予期せぬアクシデントは仕方ありませんが、それ以外は、聞かれる前に、早め早めに報告をする。
このルールを徹底します。

076

毎日、ディスプレイに変化をつける。

昨日の新しさと今日の新しさは違います。「いつ来ても新しい、変わった感じがするね」とお客様に言われるのが一番うれしいので、日々新しさをつくり出しましょう。「今日、新しいかどうか」を基準に、毎朝、ディスプレイを変えます。同じ商品でも並べ方ひとつで店が新しくなります。多少の移動なら掃除の時に。あらかじめ計画し、30分早く来てがらっと変えることもあります。売上げが伸びない時にも有効な方法です。

077

見るだけでもわくわくする
ディスプレイを心がける。
目の高さを考慮する。

何も買わなくても、見るだけでもわくわくするディスプレイを心がけます。わくわくする演出を支えるのは、ベーシックな見やすさ。特に目の高さを意識することが重要です。お客様の目の高さに合わせ、一番見てもらいたい本を置く。この配慮がわくわくの基本です。背の小さいスタッフ、背の高いスタッフだと自分の目線に合わせてディスプレイすることがありますが、基準となるのはあくまでお客様の目線がいく位置です。

078

スタッフ、お客様、まわりの方々、
目に入るすべての人への思いやりを。

あらゆることに関心を持ち、無関心を遠ざけましょう。そうすれば変化に気づきます。変化に気づけば、思いやりが生まれます。思いやりとは、相手が何を考え、何を感じているかを知ることです。それを自分の仕事の糧にしていきましょう。お店、スタッフ、お客様、店のまわりの方々、道を歩いていく人、すべての人、目に入るものすべてに、思いやりを持ちましょう。

079

仕事は常に先手を打つ。
準備段取りを入念に。

あらゆる仕事に言えることだと思います。仕事は常に先手を打つこと。後手後手にならないこと。準備と段取りをできる限り入念にすることです。どんなことでも、自分が先に手を打ったほうが絶対に有利です。仕事のほとんどは準備で終わります。準備と段取りをしっかりやっておけば、余裕も生まれ、あとは流れでうまくいきます。先手を打つには、想像力を働かせることも大切です。

080

業務の進捗は
常にチェックし合うこと。

それぞれ別々のプロジェクトを抱えている時こそ、お互いの業務の進捗状況を確認し合うこと。一人で抱えたまま「結局できませんでした」となる人が出ないよう、支え合う工夫です。人間だから、チェックし合わないと前に進まないこともあります。ごまかそうと思わなくても、できないことにフタをしてしまう人もいます。「あなたは今どんな状況？」と声を掛け合い、時には手を貸し、時には助けられ、フォローし合うことが重要です。

081

健康のために
規則正しい生活を心がける。
健康管理が一番の仕事。

仕事において一番の優先事項は健康管理です。「病気になるのは仕方ない」ではなく、「健康管理という仕事をおろそかにした」と反省すべきでしょう。大の大人が熱を出して休むなんて恥ずかしいことです。熱を出す前には必ず兆候があり、その時点で打つ手はあります。インフルエンザも、規則正しい生活と手洗い、うがいで予防できます。「自分が休んだらみんなに迷惑がかかる」と知っておけば、健康管理の大切さが理解できます。

082

仕事道具、備品の無駄使いをしない。
節約方法を工夫する。

文房具、ゴミ袋、用紙、掃除道具。こまごまとある備品は無駄使いをしないよう、節約方法を考えること。「こうやったら無駄が減る」という話を、頻繁にみんなでするといいでしょう。いらないコピーの裏紙をメモ用紙に。しょっちゅう行方不明になるペンも、たくさんあり過ぎるからなくなるのです。最初からペン立てに２本だけなら、大切にするのではないでしょうか。掃除に使うウエスも、きちんと洗濯すれば長持ちします。

083

お客様に自分を覚えてもらう
努力をする。

最初からものを売ろうとしても、なかなか売れません。まずは自分を知ってもらうこと。自分を売ることから始めましょう。自分を知ってもらうと信用が生まれます。信用が生まれてはじめて、商品説明といった次のステップに進むことができます。販売をしていると、「これはどうですか」とやぶから棒に販促してしまいがちですが、その前に一人の人間としてコミュニケーションを心がけ、自分とお客様の関係を深めていくことです。

084

店内では決して飲食をしない。

やってしまいがちだけれど、絶対にやってはいけないこと。それが仕事をする場所での飲食です。自分のデスクでコーヒーを飲んだりパン食べたりなど、もってのほか。お菓子をつまむことも許されません。飲み物を片手に仕事をするなど、あり得ないと思います。そこは仕事の場なのですから。

085

スタッフ同士で仕事を助け合う。
常にその気配りをする。

たやすい仕事というのはありません。みんなそれぞれに忙しく、それぞれに大変です。だからこそ、一緒に働いているスタッフが、今どういう状況なのか関心を持ち、観察し、知っておくことが大切です。一人でできる仕事はほとんどありません。自分も何かしら助けてもらっているはずです。まずは自分が人の手助けをしましょう。いつか自分も助けてもらうこともあるでしょう。

086

売上げよりも
「利益」「コスト」「効率」に
こだわる。

フェアやイベントや新企画など「何かをやろう」という話が出た時、「利益はどれだけ出るのか」ということに全員が目を光らせないと、ちゃんとした仕事になりません。売上げを上げるだけなら簡単なこと。しかし、コストがかかりすぎたり、効率が悪かったり、利益が出なければ、意味がありません。売上げでなく利益を目標にすること。「あんなに汗をかいて長時間働いたのに利益がなくて大赤字」という結果を回避しましょう。

087

何事も私物化しない。
すべて共有していることを忘れない。

職場にあるものを、自分のものだと錯覚していませんか？　ゴミ箱、ノート、鉛筆、ステイプラーの針一本も、私物ではなく会社のもの。仕事において共有するものです。好き勝手にすることは許されません。働く場所も、机も椅子も同じです。「自分の席」というのは「自分が借りて使わせてもらっている席」。この気持ちを忘れなければ、感謝の気持ちが生まれます。

088

「今日のCOW BOOKSのベスト」が
毎日ひと目でわかるように陳列する。

一番目につくところに、「今日のCOW BOOKSのベスト」をディスプレイすることにしています。今日のベストですから、これは毎日変わります。一番おすすめ、一番分かち合いたいもの、一番のうれしさ、喜びを表すもの。お客様の目の高さに合った位置が特等席なので、そこにディスプレイするようにしましょう。

089

依頼、謝罪、お礼には
メールを使わず、
自筆の手紙で郵送する。

自筆の手紙で仕事の依頼、謝罪、お礼をする。これがCOW BOOKSのスタイルであり、社会やお世話になる方々への自分たちなりの敬意の表し方です。手を使い、相手のことを考え、少なからず時間をかける手間こそ、礼儀だと思っています。ていねいに書きますが、ありふれた便せんとボールペンでさりげなく。万年筆は慇懃《いんぎん》無礼だし、おおげさです。相手に重いものを渡すようで、かえって失礼なので避けています。

090

スタッフ同士、お客様への
言葉遣いを美しく。

スタッフ同士がくだけた言葉でやりとりすると、おしゃべりのようになってしまいます。どんなに親しくても仕事中は敬語を使う。間違ってもあだ名や「ちゃんづけ」で呼ばない。この二つを徹底させましょう。もちろん、お客様に対して、ていねいで美しい言葉遣いをするのは当然のことです。「どう話せば美しいだろう？」と考える習慣をつけるといいでしょう。

091

店内のところどころを近寄って見る、
そして離れてもう一度見て
点検をする。

自分の視点を変えなければ、見えるものも変わりません。店内を点検するなら、時には近寄って見ること。汚れていないか、壊れていないか、顔を寄せ、さわり、じっくりと調べます。近づき過ぎると見えないものもあるので、時には離れて見ること。全体像を捉えると、おかしなところがわかります。虫眼鏡と望遠鏡という二つの視点を持つ。これは生活全般において必要なことです。

092

お金の扱い、やりとりには
特にていねいさを心がける。

お金のやりとりが雑な人。おつりの小銭を、投げはしなくとも、ちゃらんと落とすように置く人。どちらも許されない態度だと思います。お金は自分たちのものではなく、預かっているものです。汚れたお札をお釣りとして使わない。レジの中のお札の向きをそろえる。千円札はたまる前にちゃんと十枚ずつ束ねて金庫に入れる。こうしたていねいな所作がお店の雰囲気をつくり出します。お金の扱いには細心の注意を払いましょう。

093

攻撃と守備のバランスを保つ。

仕事には、攻撃と守備のふたつのバランスが必要です。自分のアイデアを生かしてどんどん攻めるのはいいことですが、守るべきところはしっかりと守らなくては何事も成り立ちません。攻めの部分ばかりに関心が集まり、守るべきことがおろそかになりがちなので注意します。今、攻めることは何か。今、守るものは何か。それを明確にしておきましょう。

094

店を閉める人は、
明日のスタッフのことを考えて、
あらゆる片づけをする。

少人数のCOW BOOKSは、スタッフ一人で店を閉めます。その際の基準は、翌朝店を開けた別のスタッフが、「昨日の人、ありがとう！」と思わず言うほどに整えておくことです。疲れていても散らかしたまま帰るのはタブー。翌朝仕事をする人に、前日の後始末から始まる一日を押し付けてはいけません。ゴミを捨て、片づけ、すぐに仕事が始められるよう準備をしておく意識が大切です。

095

「つもり」という言い訳をしない。

悪気があってミスをする人はいません。自分からトラブルを招く人もいません。それでも「こんなつもりじゃなかったんです」「僕は○○するつもりでした」という言い訳は、許されないことです。「つもり」というのは自分の中の問題であり、一緒に仕事をするみんなで分かち合おうというのは無理な話です。意図せず起きたことはまわりもわかっているのですから、まず、きちんと素直に謝ることにしましょう。

096

自分たちの仕事に
何が足りていないか、
できていないかをいつも考える。

今日のチャレンジ、今週のチャレンジといった目標は、改めて考えてつくるものではありません。「自分の仕事は何が足りていないのか、何ができていないのか」と日頃から常に考えておく。そうすれば「目標は？」と聞かれた瞬間、ぱっと出てきます。自分に足りないことを知ることは、自分を客観視し、よく知ることでもあります。人から指摘される前に、「自分はこれを注意しなければいけない」と気づける人は、本当にすごい人です。

097

本が傷むようなこと、
本が傷むディスプレイはしない。

COW BOOKSでは、誰かに何十年も大切にされてきて、縁あって巡り会った古書を扱っています。それを次の持ち主に渡す前に壊してしまうほど、悲しいことはないでしょう。本はちょっとした不注意で傷みます。立てかける陳列は映えますが、ゆがみのもと。指も入らないほどきちきちに棚に詰め込めば、引き出す際に力が入って、本が傷みます。「この本をこう置いたら、お客様はどう手に取るか？」まで、想像しなければなりません。

098

どんなことにも、
知情意のバランスを心がける。

仕事のすべてに、知性と感情と意志を働かせましょう。単なる繰り返しにしない努力が大切です。仕事は10年もやると、「一年のこの時期はこれをして」というのがわかってきます。去年の繰り返しの今年でもいいように感じられます。しかし同じことをしていたら、進歩はありません。一つでも二つでも、常にチャレンジをします。筋書がない緊張感を味わいましょう。

099

自分ではなく、自分以外の人が
どうしたら喜んでくれるかを
いつも考える。

お客様、一緒に働いているスタッフ、地域の人。自分以外の人がどれだけ喜んでくれるかを考えましょう。仕事を通して社会のために何ができるか。そうしてはじめて、仕事は広がっていきます。あらゆる人を喜ばせ、最後に自分を喜ばせる順番が巡ってくるくらいでちょうどいいと思います。自分の喜びを優先していたら、小さな目標しか持てず、モチベーションも上がらず、結果として良き仕事はできないということです。

100

あなたの『100の基本』の作り方

どんなことでもよいので、いいなと思うことを、書いてみましょう。他人に見せるものではないので、照れずに文字にしてみましょう。ささいなことでも、思いつきでもよいのです。とにかく書きだしてみることです。

一度で完成させようと思わずに、頭と心の隅っこまで光を当てて、そこにあるものを思うままに書いていきます。100という数を意識しないことが大切です。足りなくても、それ以上になっても気にしないように。

書きだしたら、それを一日に一度、できるだけ目を通します。そして、気の向くままに書きなおしたり、減らしたり、増やしたりしていきます。一日に一度、目を通すことで、無意識的にそれについて考えることになります。その繰り返しで、自分にとっての『100の基本』の輪郭が、ぼんやり見えてくると思います。さらに新たに思いつくことも書き増やしていったり、これは違うなあ、と減らしたり、言葉の使い方を変えてみたりしてみます。

『100の基本』は、いつからでも、誰にでもつくれる人生のお守りなのです。

001

002

003

004

005

006

007

008

009

010

011

012

013

014

015

016

017

018

019

020

021

022

023

024

025

026

027

028

029

030

031

032

033

034

035

036

037

038

039

040

041

042

043

044

045

046

047

048

049

050

051

052

053

054

055

056

057

058

059

060

061

062

063

064

065

066

067

068

069

070

071

072

073

074

075

076

077

078

079

080

081

082

083

084

085

086

087

088

089

090

091

092

093

094

095

096

097

098

099

100

松浦弥太郎（まつうら　やたろう）
1965年、東京生まれ。文筆家、書店『COW BOOKS』代表、
雑誌『暮しの手帖』編集長。近著に『考え方のコツ』、
『暮しの手帖日記』、『アンリくん、パリへ行く』（翻訳）など。

100の基本
松浦弥太郎のベーシックノート

2012年9月25日　第1刷発行
2014年6月4日　第14刷発行

著　者　松浦弥太郎
発行者　石﨑 孟
発行所　株式会社マガジンハウス
〒104-8003　東京都中央区銀座3-13-10
受注センター　☎049-275-1811
書籍編集部　☎03-3545-7030

印刷・製本　株式会社光邦

Printed in Japan
ISBN978-4-8387-2493-2 C0095